AF228307

QUIÉN ES JESSICA LONG

ANNE E. HILL

ediciones Lerner ◆ Mineápolis

Dedicado a Chad C. Colby, mi nadador favorito de todos los tiempos. Te amo.

ediciones Lerner
Una división de Lerner Publishing Group, Inc.
241 First Avenue North
Mineápolis, MN 55401, EE. UU.

Si desea averiguar acerca de niveles de lectura y para obtener más información, favor consultar este título en www.lernerbooks.com.

Fuente del texto del cuerpo principal: Aptifer Slab LT Pro.
Fuente proporcionada por Linotype AG.

Library of Congress Cataloging-in-Publication Data

Names: Hill, Anne E., 1974–author.
Title: Quién es Jessica Long : superestrella de la natación paralímpica / Anne E. Hill.
Other titles: Meet Jessica Long. Spanish
Description: Mineápolis : ediciones Lerner, 2024. | Series: Lerner sports en español. Personalidades del deporte | Includes bibliographical references and index. | Audience: Ages 7–11 | Audience: Grades 4–6 | Summary: "Swimmer Jessica Long is the most successful active Paralympic athlete in the world. In her career she has won a total of twenty-nine medals. Learn more about her life and career. Now in Spanish!"—Provided by publisher.
Identifiers: LCCN 2022055316 (print) | LCCN 2022055317 (ebook) | ISBN 9781728476049 (library binding) | ISBN 9798765607640 (paperback) | ISBN 9781728494470 (epub)
Subjects: LCSH: Long, Jessica Tatiana—Juvenile literature. | Swimmers—United States—Biography—Juvenile literature. | Athletes with disabilities—United States—Biography—Juvenile literature. | Paralympic Games—Juvenile literature.
Classification: LCC GV838.L65 H5518 2024 (print) | LCC GV838.L65 (ebook) | DDC 797.2/1092 [B]—dc23/eng/20221215

LC record available at https://lccn.loc.gov/2022055316
LC ebook record available at https://lccn.loc.gov/2022055317

Fabricado en los Estados Unidos de América
1-52172-50634-12/9/2022

CONTENIDO

AQUAWOMAN

El 3 de septiembre, Jessica Long ocupó el carril 4 para competir en los 100 metros mariposa en las Paralimpíadas de Tokio en Japón en 2021. Con cuidado, se quitó las piernas protésicas y las acomodó a un lado. Después de subirse al bloque de salida, aplaudió tres veces y se sumergió en el inicio de la carrera.

Long no fue la más rápida en saltar del bloque. Pero para cuando terminó el primer largo, nadie podía seguirle el ritmo. Con su esposo alentándola desde la tribuna y otros miembros de su familia mirando desde su casa en Maryland, Long nadó lo mejor que pudo. Voló por el agua.

Un minuto y nueve segundos después, la estrella paralímpica de 29 años obtuvo la medalla de oro por

DATOS RÁPIDOS

FECHA DE NACIMIENTO: 29 de febrero de 1992

LIGA: paranatación femenina

MOMENTOS PROFESIONALES DESTACADOS: ganó 29 medallas paralímpicas, entre ellas, 16 de oro; fue la segunda en obtener más medallas por la natación paralímpica; compitió en sus primeros juegos paralímpicos a los 12 años de edad

MOMENTOS PERSONALES DESTACADOS: escribió un libro sobre su vida en 2018; se casó con Lucas Winters en 2019; se la apodó Aquawoman

Long se zambulle al agua al inicio de la carrera de 400 metros de estilo libre en la Paralimpíada de Tokio.

decimosexta vez. Era su medalla paralímpica número 29, la segunda competidora con más medallas de natación paralímpica de los Estados Unidos. Estaba a la altura de su apodo, Aquawoman. Y había ganado una medalla en todos los estilos de natación en los Juegos de 2021: estilo libre, mariposa, espalda y pecho. En total, ganó tres medallas de oro, dos de plata y una de bronce.

Long sabía que muchas personas la habían ayudado a tener una carrera exitosa. "Nunca se trató solo de mí," dijo. "Son tantas las personas que creyeron en mí cuando yo no creía en mí misma".

Long se divierte cuando compite.

UN NUEVO HOGAR

Jessica Long nació el 29 de febrero de 1992 como Tatiana
Olegovna Kirillova en Siberia, Rusia, hija de padres adolescentes.
Nació sin huesos en la parte inferior de las piernas y los pies.
Los padres de Jessica no sabían cómo cuidar a una niña con este
trastorno. Entonces planificaron darla en adopción.

Beth y Steve Long de Maryland adoptaron a Tatiana y a un niño más grande, Josh, del mismo orfanato. Le cambiaron el nombre a Jessica Tatiana. Los Long ya tenían dos hijos, Amanda y Steven. Y tuvieron dos más, Hannah y Grace.

Siberia, Rusia

A los 18 meses, se sometió a Jessica a una intervención quirúrgica para amputarle las piernas por debajo de la rodilla. Esta fue la primera de las 25 operaciones que tuvo de pequeña. Se le colocaron piernas protésicas y aprendió a caminar con ellas. Sus padres le dieron una muñeca que no tenía la parte inferior de las piernas así Jessica podía tener un juguete que se pareciera a ella.

Long posa para una fotografía de los Juegos Paralímpicos de 2016. Ha recorrido un largo camino desde que nadó por primera vez en la piscina de sus abuelos.

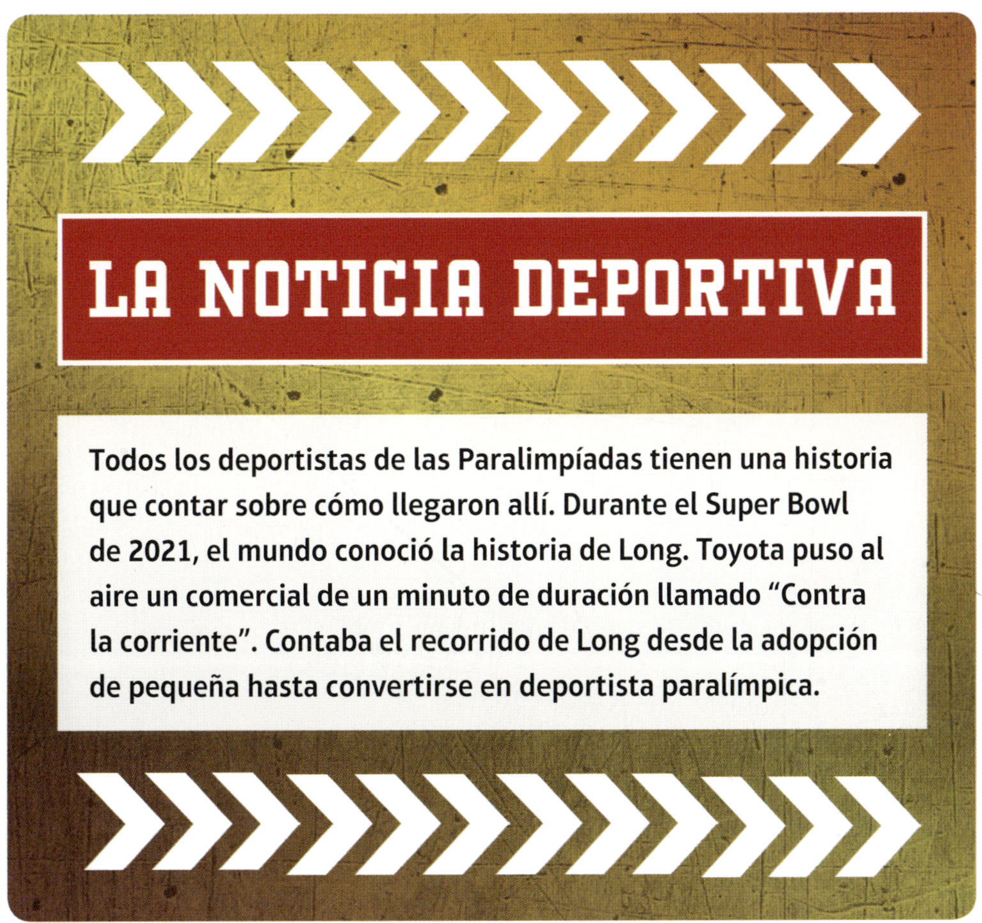

Todos los deportistas de las Paralimpíadas tienen una historia que contar sobre cómo llegaron allí. Durante el Super Bowl de 2021, el mundo conoció la historia de Long. Toyota puso al aire un comercial de un minuto de duración llamado "Contra la corriente". Contaba el recorrido de Long desde la adopción de pequeña hasta convertirse en deportista paralímpica.

Jessica era una niña activa. Sus padres querían que tuviera una vida normal y probaron los deportes. Su naturaleza competitiva la ayudó en la gimnasia, el patín sobre hielo, el alpinismo, ¡e incluso el salto en trampolín! Pero cuando Jessica descubrió la natación en la piscina de sus abuelos, su vida cambió para siempre. "Toda mi vida tuve que luchar para estar a la altura de los demás. Pero no en el agua. ¡Ese es el único lugar en el que todos los demás intentan estar a mi altura!"

CAPÍTULO 2

PARALÍMPICA PREADOLESCENTE

A los 10 años, Jessica se unió al equipo de natación local que fundó su abuela. Jessica sabía nadar de espalda y cómo hacer estilo libre. Pero pronto aprendió también el estilo mariposa y pecho. Le encantaba competir contra los otros nadadores. Era en el agua donde se sentía más feliz, y supo que tenía un talento para nadar.

Jessica se fijó la meta de llegar al equipo de natación paralímpica de Estados Unidos en 2004. Un año después, a los 12 años, Jessica ganó tres medallas de oro en sus primeros Juegos Paralímpicos en Atenas, Grecia. ¡Es probable que haya sido la nadadora más joven del equipo, pero probó que era más que merecedora de su puesto!

Unos años más tarde, Jessica se convirtió en deportista profesional. Ganó dinero trabajando para marcas como Nike

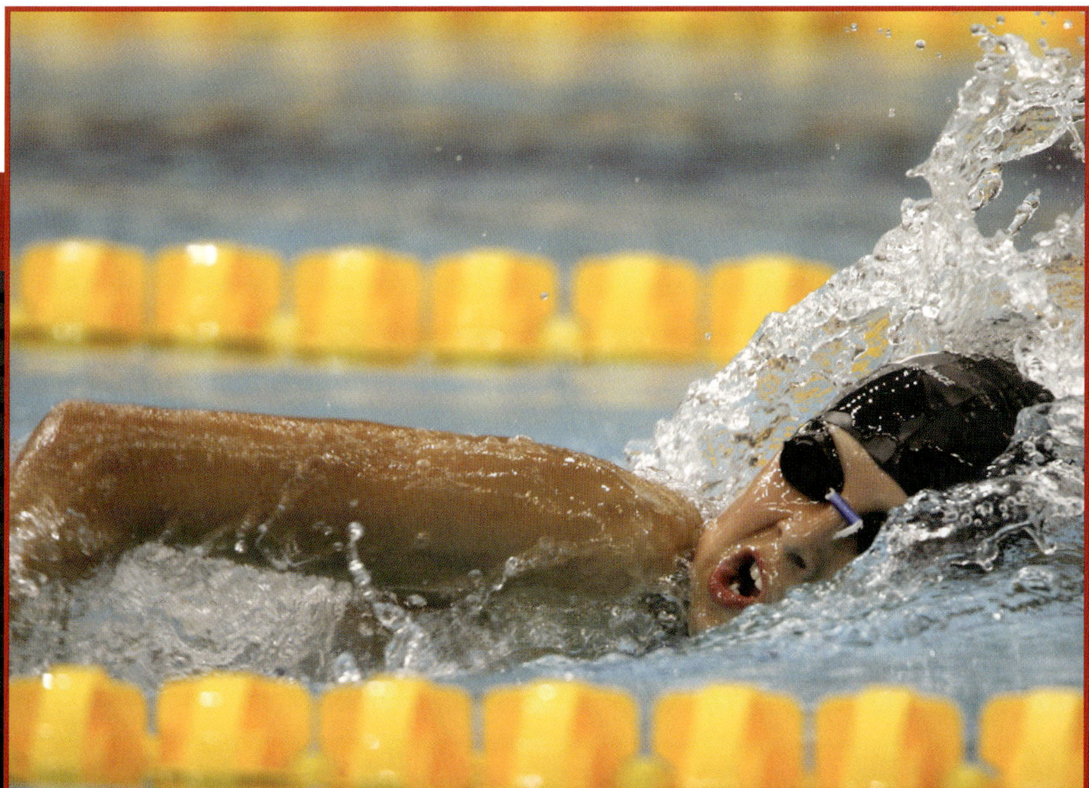

Long nada hacia la medalla de oro en los 400 metros en estilo libre en los Paralímpicos de 2004.

Long celebra después de ganar el oro en un evento de los Juegos Paralímpicos de 2004.

y Coca-Cola. También modeló para la marca de ropa Ralph Lauren, y las fotografías aparecieron en las tiendas Macy's y en las revistas *Elle* y *Vogue*.

Pero nadar y competir seguían siendo sus actividades favoritas. A los 16 años, Jessica tuvo una buena actuación en los Juegos Paralímpicos de 2008 en Pekín, China. Ganó cuatro medallas de oro, una de plata y una de bronce.

Los Juegos Paralímpicos tienen lugar cada cuatro años. Se llevan a cabo en la misma ciudad que las Olimpíadas, aproximadamente una semana después. Las primeras Paralimpíadas se hicieron en el verano de 1960. Los deportistas pudieron competir en ocho deportes. Para el año 2021, las Paralimpíadas incluyeron 22 deportes de verano y seis deportes de invierno.

Long estaba decidida a desempeñarse mejor en los Juegos Paralímpicos de 2012 en Londres, Inglaterra. Se entrenó con intensidad en el Centro de Entrenamiento Olímpico y Paralímpico Colorado Springs en Colorado Springs, Colorado. En los Juegos de Londres, batió su propio récord de medallas de Pekín con cinco medallas de oro, dos de plata y una de bronce. Los Juegos de Londres fueron los favoritos de Long.

Long hace largos de práctica.

Long se toma un descanso mientras practica para los Juegos Paralímpicos de Londres.

Recordaba las multitudes que la alentaban y la sensación de que no tenía nada que probarle a nadie. Estaba en la cima de su deporte sin señales de bajar el ritmo.

CAPÍTULO 3

EN LA BÚSQUEDA DE SU CAMINO

Mientras entrenaba para los Juegos Paralímpicos de Londres, Long fue contactada por los padres que habían optado por entregarla a una familia en adopción. Deseaban conocerla. Al principio, Long no estaba segura de qué deseaba hacer.

Una vez que terminaron los Juegos Paralímpicos de Londres, ya no tenía el entrenamiento en el que concentrarse. Empezó a tener ansiedad. Comenzó a intentar controlar su peso y desarrolló un trastorno de la conducta alimentaria. Este trastorno hizo que perdiera 20 libras (9 kg) para las Paralimpíadas de 2016. Estaba débil y enfermiza. Long afirmó que encontrar su fe en Dios la ayudó a recuperarse del trastorno.

Long se coloca sus piernas protésicas después de nadar.

LA NOTICIA DEPORTIVA

Long obtuvo muchos récords mundiales. Después de su temporada de 2006, se convirtió en la primera atleta paralímpica en recibir el premio James E. Sullivan como mejor deportista amateur. También ganó tres premios ESPY como la mejor deportista femenina con una discapacidad.

Decidió ir a Rusia a conocer a sus padres y hermanos biológicos. En 2013, la NBC siguió a Long en su recorrido. La cadena televisiva hizo el documental *Long Way Home: The Jessica Long Story* (Un largo camino a casa: la historia de Jessica Long). Conocer a su familia biológica después de 21 años cambió la vida de Long. Estaba agradecida de haber ido.

Después de su emotivo viaje, Long volvió a su hogar para comenzar a entrenarse para los Juegos Paralímpicos de Río de Janeiro de 2016 en Brasil. Entrenó con el atleta olímpico Michael Phelps. Río fue la competencia más difícil hasta ese momento. Llegó al último día de eventos con tres medallas de plata y dos de bronce, pero ninguna de oro. Estaba decidida a irse con una presea de oro. Su último evento eran los 200 metros de estilos individuales, que incluye dos largos de cada estilo.

Long compite en la prueba de 200 metros de estilos individuales decidida a ganar la presea de oro.

Long avanza en el agua durante los 400 metros en estilo libre en la Paralimpíada de 2016.

Long (*la segunda desde la derecha*) celebra con algunas de sus compañeras del equipo estadounidense. Estaba cansada pero orgullosa después de los Juegos.

Cuando llegó al borde de la piscina en primer lugar, Long lloró. Estaba aliviada, pero cansada.

Quedó exhausta después de las Paralimpíadas. Sabía que tenía que hacer un cambio, pero no iba a retirarse. Tenía la mirada puesta en los próximos Juegos en Tokio. En lugar de retirarse, entrenó menos y trabajó en su salud mental. También comenzó a entrenar al equipo de natación local femenino.

CAPÍTULO 4

IMBATIBLE

Después de la Paralimpíada de 2016, Long se concentró más en estar saná y feliz. Escribió el libro *Unsinkable* (Imbatible) con su hermana Hannah. Cada capítulo del libro se centra en un momento de la vida de Long que la cambió para siempre. También se casó con su novio, Lucas Winters, en una granja en Maryland el 11 de octubre de 2019.

Long y Winters pasaron mucho tiempo juntos después de casarse. En 2020, la enfermedad de COVID-19 se diseminó por el mundo. Muchos eventos grandes, como las Paralimpíadas, se pospusieron para evitar la propagación de la enfermedad. Las personas también se quedaron más en sus casas. Long disminuyó la intensidad de su entrenamiento de natación a

Long con su esposo Lucas Winters en 2021.

Long se prepara para competir en los 100 metros mariposa en la Paralimpíada de 2021.

causa de la COVID-19, pero pronto encontró una piscina abierta y volvió al agua. Los Juegos de 2020 se reprogramaron para 2021. Estaba decidida a estar lista para ese momento.

Long tuvo un buen desempeño en los Juegos Paralímpicos de Tokio 2021. Y ya puso la mirada en los Juegos de 2024 y 2028. Espera ganar aún más medallas. También quiere completar un triatlón.

A Long le encanta mostrar lo que pueden lograr las personas con discapacidades. Vive según lo dicta su lema: "La única discapacidad en la vida es una actitud negativa". Jessica Long es imbatible e imparable.

ESTADÍSTICAS DE LA CARRERA DE JESSICA LONG

MEDALLAS DE ORO DE PARALIMPÍADAS:

16

MEDALLAS DE PLATA DE PARALIMPÍADAS:

8

MEDALLAS DE BRONCE DE PARALIMPÍADAS:

5

MEDALLAS DE ORO EN CAMPEONATOS MUNDIALES:

35

MEDALLAS DE PLATA EN CAMPEONATOS MUNDIALES:

15

MEDALLAS DE BRONCE EN CAMPEONATOS MUNDIALES:

2

Las estadísticas son fidedignas hasta el 1 de noviembre de 2021.

GLOSARIO

ansiedad: alteración médica que hace que una persona sienta temor o nerviosismo

discapacidad: un trastorno que cambia a las personas o hace que les sea más difícil participar en las actividades o acciones diarias

documental: una película que muestra un acontecimiento de la vida real

estilo: la manera en que se mueve un nadador para nadar

Paralimpíadas: un conjunto de eventos para deportistas con discapacidades físicas, que está asociado con las Olimpíadas y se lleva a cabo a continuación de estas

profesional: que participa en una actividad para ganar dinero

protésico: una parte artificial del cuerpo

trastorno de la conducta alimentaria: una alteración que hace que una persona tenga hábitos alimentarios inusuales o perjudiciales

triatlón: un evento deportivo que incluye natación, ciclismo y carrera a pie de larga distancia

NOTAS SOBRE LAS FUENTES

6 Alex Azzi, "Jessica Long Wins 29th Medal, Calls Tokyo 'Total Success,'" NBC Sports, September 4, 2021, https://onherturf .nbcsports.com/2021/09/04/jessica-long-swimming-tokyo -paralympics-29-medals/.

11 Jessica Long with Hannah Long, *Unsinkable: From Russian Orphan to Paralympic Swimming World Champion* (Boston: Houghton Mifflin Harcourt, 2018), 27.

27 Andrew Binner, "From Siberia to Swimming Stardom: This Is Paralympic Star Jessica Long's Amazing Story," International Olympic Committee, March 30, 2021, https://olympics.com/en /featured-news/siberia-to-swimming-stardom-paralympic -jessica-long-amazing-story.

27 Jessica Long (@jessicatatianalong), TikTok, https://www.tiktok .com/@jessicatatianalong?lang=en.

MÁS INFORMACIÓN

Britannica: Paralympic Games
https://kids.britannica.com/kids/article/Paralympic-Games/599583

Derr, Aaron. *Sports of the Paralympic Games*. Egremont, MA: Red Chair, 2020.

International Paralympic Committee: Jessica Long
https://www.paralympic.org/jessica-long

McDougall, Chrös. *The Olympics Encyclopedia for Kids*. Minneapolis: Abdo, 2022.

Scheff, Matt. *The Summer Olympics: World's Best Athletic Competition*. Minneapolis: Lerner Publications, 2021.

Sports Illustrated Kids: Swimming
https://www.sikids.com/tag/swimming

ÍNDICE

CRÉDITOS POR LAS FOTOGRAFÍAS